현대신서
117

테러리즘의 정신

장 보드리야르

배영달 옮김

東 文 選

테러리즘의 정신

테러리즘의 정신

Jean Baudrillard

L'esprit du terrorisme

© Éditions Galilée, 2002

테러리즘의 정신

　다이애나 영국 황태자비(妃)의 죽음에서 월드컵 축구에 이르기까지의 세계적 사건들——혹은 실제의 폭력적인 사건들, 민족 말살 전쟁——이 일어났다. 그러나 세계적인 규모의 상징적 사건은 없었다. 다시 말하면 세계적으로 전파될 뿐만 아니라 세계화(mondialisation) 자체를 실패로 돌릴 수 있는 상징적 사건은 없었다. (아르헨티나 작가 마세도니오 페르난데스의 말에 의하면) 1990년대는 이렇다 할 사건들의 부재로 '사건들이 파업한' 시대였다. 이제 파업은 끝나 버렸다. 사건들은 파업을 멈추었다. 뉴욕 세계무역센터 테러 행위로 인해 지금까지 결코 일어난 적이 없는 사건들을 집약해 놓은 완전한 사건, 즉 절대적인 사건인 '모(母)' 사건이 발생한 것이다.

역사와 권력의 모든 게임이 뒤죽박죽으로 되어 버렸고, 분석의 조건들도 급작스럽게 바뀌었다. 이제 여유를 가지고 해야 한다. 왜냐하면 사건들이 거의 정지 상태에 있을 때는, 사건들을 기다리거나 사건들보다 앞서가야 했기 때문이다. 이러한 상황에서 사건들이 가속되면, 우리는 더욱 천천히 나아가야 한다. 잡동사니 담론이나 전운 속에 묻히지 않고, 그리고 결코 잊을 수 없는 섬광 같은 이미지를 생생하게 간직하면서 말이다.

모든 담론과 논평은 사건 자체와, 사건이 발휘하는 마력에 대해 놀라운 해제 반응(abréaction)*을 드러내 보인다. 테러리즘에 대한 도덕적 규탄과 신성한 단결은 세계 초강대국을 파괴하는 모습, 더 낫게는 세계 초강대국이 스스로 파괴되어 자살하는 아름다운 모습을 보는 큰 기쁨에 상응한다. 왜냐하면 초강대국이 자신도 주체할 수 없는 엄청난 힘으로 세계에 미만해 있는 모든 폭력을 조장하였고, 우리도 모르는 사이에 우리 모두를 사로잡는

---

* 어떤 의식 아래 억압된 경험을 말이나 행동을 통해 표출함으로써 심리적인 긴장을 해소하는 작용.

테러리즘의 상상력을 유발했기 때문이다.

　우리가 이 사건을 열망했다 하더라도, 예외 없이 모든 사람들이 이 사건을 열망했다 하더라도(왜냐하면 어느 누구도 그 정도로 헤게모니화된 어떤 권력에 대한 파괴를 열망하지 않을 수 없기 때문에) 그것은 서방의 윤리 의식으로는 받아들일 수 없는 것이다. 그러나 그것은 사실이며, 이 사실은 폭력을 없애고자 하는 모든 담론들이 지닌 감동적인 폭력으로서 평가된다.

　극단적으로 말해서 테러분자들이 이 일을 저질렀지만, 그것은 우리가 원하는 바였다. 이 점을 고려하지 않는다면, 사건은 모든 상징적인 차원을 상실하게 된다. 말하자면 이 사건은 몇몇 광신도들이 저지른 살인적인 팡타스마고리(fantasmagorie), 즉 없애 버리면 되는 단순한 사건, 순전히 터무니없는 사건에 불과할 것이다. 그런데 잘 알다시피 이 사건은 그러한 성질의 사건이 아니다. 이로부터 악을 몰아내어 공포증을 떨쳐 버리려는 망상이 생겨난다. 악은 욕망의 모호한 대상처럼 어디에나 존재하기 때문이다. 테러분자들과 우리 사이의 이러한 깊은 공모가 없었다면, 이 사건은 그렇게 커다란 반향을 일으키지 못했을 것이다. 상징적 전략의 면에서 테러분자들은 이 암묵적인 공모를 기대할 수 있다는 것을 알고 있었을 것이다.

이는 세계적으로 지배하는 힘에 대한 가난하고 착취당하는 사람들, 세계 질서의 반대편에 서 있는 사람들의 증오를 훨씬 넘어서는 것이다. 이러한 사악한 욕망은 세계 질서 속에서 이익을 나누는 사람들의 마음에도 존재한다. 확고한 모든 질서와 막강한 모든 힘에 대한 알레르기 현상은 다행스럽게도 보편적인 것이다. 세계무역센터의 쌍둥이 빌딩은 상사성(相似性)을 통해서 이 확고한 질서를 완벽하게 표현하였다.

이제 죽음이나 파괴의 충동도 필요 없고, 역효과도 필요 없다. 이는 논리적으로 피할 수 없는 준엄한 사실로서, 힘의 잠재적인 상승이 그것을 파괴하려는 의지를 자극한 것이다. 힘의 잠재적인 상승은 자기 파괴와 공모 관계에 있다. 세계무역센터의 쌍둥이 빌딩이 무너지는 순간, 쌍둥이 빌딩은 마치 카미카제 특공기의 자살 테러에 대해 자살로서 대응하는 것 같았다. "신조차 전쟁을 선포할 수 없다"라고들 하였다. 그러나 상황은 정반대였다. 신의 위치에서 (신의 전능함과 절대적인 도덕의 정당성을 지닌) 서방은 자멸을 초래하고, 자신에게 전쟁을 선포한 것이다.

대형 사고를 다룬 수많은 영화들이 이러한 환상을 증명히고 있다. 물론 이러한 영화들은 그 모든 것을 특수효과로 처리하면서 분명히 이미지를 통해서 환상을 내쫓으려고 했다. 그러나 포르노그래피와 똑같이, 이러한 영화들이 발휘하는 보편적인 매력은 구체적인 실행이 늘 임박했음을 보여 준다——모든 시스템이 전능함과 완벽함에 가까이 다가가는 만큼 그것을 부정하려는 욕망은 더욱더 강하기 때문이다.

게다가 테러분자들은 (물론 전문가들도 마찬가지겠지만!) 쌍둥이 빌딩의 붕괴를 예상하지 못했던 것 같다. 펜타곤의 공격보다 쌍둥이 빌딩의 붕괴는 훨씬 더 강한 상징적인 충격이었다. 모든 시스템의 상징적 붕괴는 예측할 수 없는 공모로 이루어졌다. 그것은 마치 두 건물들이 스스로 무너지면서(자살하면서) 사건을 완결지으려는 게임 속으로 들어가는 것 같았다. 어떤 의미에서 시스템 전체는 내적 취약성으로 인해 그들의 최초의 행동에 협력하였다.

시스템은 결국 단 하나의 세계적 통신망을 이루면서 한 곳으로 집중되면 집중될수록 점점 더 취약해진다. (이미 필리핀의 어린이 **해커**가 자신의 노트북으로부터 '아이 러브 유' 바이러스를 발송하여 전세계 인터넷망을 교란시킨 바 있다.) 이번 경우에는 18명의 자살테러 특공대원들이 죽음이라는 절대적인 무기와 최첨단 테크놀로지로 전 지구적 재난을 일으켰다.

세계 강대국이 모든 것을 독점하는 상황에서, 유일한 사상과 기술력을 지닌 사람들이 모든 기능이 집중된 기막힌 시스템을 공격하려면 **테러 행위에 의한 상황 이동** 이외에 어떤 다른 방법이 있겠는가? 이 충격적인 보복의 객관적 조건을 형성한 것은 바로 시스템 자체이다. 사실 모든 카드를 거머쥐면서, 시스템은 타자에게 게임의 규칙을 바꾸기를 강요한다. 새로운 게임 규칙들은 가혹하다. 왜냐하면 내기는 가차없는 것이기 때문이다. 시스템이 과도한 힘으로 해결책도 없는 도전을 야기하는 것에 대해, 테러분자들은 교환이 불가능한 결정적인 행동으로 대항한다. 테러리즘은 일반화된 교환 시스템 한가운데에 환원 불가능한 특수한 개체들을 복원시키려는 행위이다. 유일한 힘에 의해 운용되는 세계적 순환 시스템으로 인해 소멸의 위기에 처했던 모든 특수한 개체들(종, 개인, 문화)이 오늘날 **테러 행위에 의한 상황 이동**으로 복수하고 있는 것이다.

공포에는 공포로 대응할 뿐, 그 이면에는 더 이상 이데올로기도 없다. 이제 우리는 이데올로기와 정치로부터 멀리 벗어나 있다. 어떤 이데올로기나 어떤 명분도(심지어 이슬람의 명분까지도) 공포를 조장하는 힘을 설명할 수 없다. 그것은 더 이상 세계를 변화시키려고 하지 않는다. 시스템이 힘으로 세계를 실현하려고 하는 데 반해, 그것은 (과거의 이단자들처럼) 희생으로 세계를 과격하게 만들려고 한다.

테러리즘은 바이러스처럼 도처에 존재한다. 테러리즘

은 마치 혈관 안으로 지속 주입되듯이 전세계적으로 퍼져 나간다. 그것은 모든 지배적인 시스템이 드리운 그림자 같은 것이어서 도처에서 도플갱어(Doppelgänger)*처럼 되살아날 수 있다. 이제는 그것을 명확하게 할 수 있는 경계선이 없다. 테러리즘은 그것과 싸우는 우리 문화의 한가운데에 있다. 세계적 차원에서 착취당하는 사람들과 저개발국 사람들을 서방 세계와 대립시키는 (증오와) 가시적인 균열은 지배적인 시스템 내부의 균열과 은밀하게 만나게 된다. 지배적인 시스템은 모든 가시적인 적대감에 대항할 수 있다. 그러나 바이러스 구조를 지닌 적대감에 대해——마치 모든 지배 기제가 자신의 반장치(antidispositif), 즉 스스로 사라지는 자신의 효소를 분비하듯이——자신의 힘을 거의 자동적으로 역전시키는 형태에 대해, 시스템은 아무것도 할 수가 없다. 테러리즘은 바로 이 은밀한 역전의 충격파일 뿐이다.

따라서 그것은 문명간의 충돌도, 종교간의 충돌도 아

---

* 또 하나의 자기: 똑같은 사람으로서 동시에 딴 장소에 나타나거나 죽음 직전 따위에 그 예고로서 본인 앞에 나타나는 것으로 믿어지고 있다.

니다. 사람들은 가시적인 대결과 그에 대한 힘의 해법이라는 환상을 품고 미국과 이슬람에 갈등의 초점을 맞추려고 한다. 그러나 그것은 미국과 이슬람을 훨씬 넘어서는 것이다. 정말 문제는 근본적인 적대감이다. 이러한 적대감은 (세계화의 진앙지이긴 하지만 세계화의 화신이 아닌) 미국이라는 유령을 통해, (역시 테러리즘의 화신이 아닌) 이슬람이라는 유령을 통해 드러나는 **자신의 덫에 걸린 승승장구하던 세계화**가 그 원인이다. 이런 관점에서 보면 제3차 세계대전이 아니라 제4차 세계대전, 즉 세계화 자체가 관건이기 때문에 진정한 의미의 세계대전에 대해 말해질 수 있다. 제1·2차 세계대전은 전쟁의 고전적 이미지에 부합하였다. 제1차 세계대전은 유럽과 식민지 시대의 패권을 종결지었으며, 제2차 세계대전은 나치즘을 끝장내었다. 냉전과 핵무기 억지력의 형태로 일어났던 제3차 세계대전은 공산주의를 끝장내었다. 한 전쟁에서 다른 한 전쟁으로 이어질 때마다 사람들은 유일한 세계 질서를 향해 한걸음 더 나아갔다. 오늘날 실제로 마지막 단계에 도달한 것이나 다름없는 이러한 세계 질서는, 현재의 모든 혼란 속에서 세계의 한가운데로 확산되는 적대적인 세력들과 싸우고 있다. 이는 항체의 형태로 반항하는 모든 특수한 개체들의 전쟁이자, 모든 세포들의 프랙털한 형태의 전쟁이다. 이 대결은 정말 포착할 수 없는 것이어서 때때로 걸프전이나 아프가니스탄 전쟁 같은 스펙터클한 연출을 통해서만 전쟁의 개념을 지닐 수 있다. 그러나 제4차 세계대전은 다른 곳에 있다. 그것은 모든 세계 질서와 모든 헤게모니적 지배를 사로잡는 것이다——만약 이슬람이 세계를 지배한다면, 테러리즘은 이슬람에 반기를 들 것이다. **왜냐하면 세계 자체가 세계화에 저항하기 때문이다.**

테러리즘은 부도덕한 것이다. 세계무역센터의 테러 사건은 상징적 도전으로서, 그 자체가 부도덕한 세계화에 대응하는 것이다. 이제 부도덕한 차원에서 생각해 보자. 만약 이 테러 사건을 통해 우리가 무엇인가를 깨닫고자 한다면, 선과 악을 다소 넘어서 파악해야 한다. 도덕에 맞설 뿐만 아니라 모든 형태의 해석도 불가능하게 하는 사건이 일어난 이 시점에서, 우리는 악을 이해하려고 해야 한다.

근본적인 문제는 계몽주의 철학과 서양 철학이 선과

악의 관계를 완전히 왜곡한 데에 있다. 우리는 모든 영역 (과학, 기술, 민주주의, 인간 권리)에서의 선의 발전, 즉 선의 잠재적 확장이 악을 몰아낼 것이라고 순진하게 생각했다. 어느 누구도 선과 악이 동시에 잠재적으로, 그리고 동일한 움직임에 따라 확장되리라고 생각지 못했던 것 같다. 선과 악 가운데 한쪽의 승리가 그와 반대로 다른 한쪽의 소멸을 초래하지 못한다. 형이상학적으로, 악은 우발적인 과오로 간주된다. 그러나 이러한 명제로부터 선과 악의 이원론적인 모든 형태들이 생겨나는데, 그것은 헛된 것에 지나지 않는다. 선은 악을 제거하지 못하고, 악도 선을 없애지 못한다. 선과 악은 한쪽이 다른 한쪽으로 환원될 수 없으며, 그들의 관계는 서로 뒤얽혀 있다. 결국 선은 자신이 선이기를 포기하는 경우에만 악을 무너뜨릴 수 있을 것이다. 왜냐하면 선이 세계적인 힘을 독점할 경우 그에 비례하여 폭력을 야기하기 때문이다.

전통적인 세계에서는, 선과 악은 변증법적 관계에 따라 균형을 이루었다. (물론 이때 변증법적 관계는 그럭저럭 도덕적 세계의 긴장을 조절하고 그 균형을 이루었다.) 이는 냉전 시대에 두 강대국이 대화를 통해 공포의 균형을 조절했던 것과 다소 유사하다. 따라서 한 진영이 다른 한 진영에 대해 우위를 점유하는 일은 결코 없다. 그러나 선을 완전히 확대 적용하는 순간부터 이러한 균형은 깨어졌다. (이는 모든 형태의 부정적인 것에 대한 긍정적인 것의 지배권, 죽음의 제거, 잠재하는 모든 대항적인 힘의 배제——모든 전선에서 선의 가치의 승리——를 의미한다.) 바로 거기서부터 균형은 깨어졌다. 그것은 마치 악이 지수함수적으로 확산되면서 보이지 않게 독립적으로 작용하는 것과 유사하다.

모든 관계를 고려해 보면, 이는 공산주의가 붕괴하고 자유주의의 힘이 세계적으로 승리를 거두면서 일어났던 정치 질서의 변화이다. 이러한 상황에서 유령 같은 적이 갑자기 나타났다. 유령 같은 적은 힘들 사이의 모든 틈새에서 갑자기 나타나 전세계에 스며들면서 바이러스처럼 도처에 침투한다. 그것은 바로 이슬람이다. 그러나 이슬람은 구체화된 적대감이 표출되는 유동적인 전선에 불과하다. 이러한 적대감은 어디에나 존재하며, 우리 각자의 마음에도 존재한다. 그래서 공포는 공포로 대응한다. 그러나 그것은 불균형적인 공포이다. 바로 이러한 불균형이 세계적인 막강한 힘을 완전히 무력하게 만들었다. 자신의 덫에 걸려 있는 이 세계적인 막강한 힘은 상징적 도전과 죽음의 영역을 고려하지 않은 채 힘의 관계의 논리에 빠져들 수밖에 없다. 이 세계적인 막강한 힘은 자신의 문화에서 상징적 도전과 죽음의 영역을 제거했기 때문에 더 이상 어떤 관념도 지니지 않는다.

지금까지 이렇게 총체화시키는 힘은, 대체로 모든 위기와 모든 부정적인 것을 흡수하고 해결하는 데 성공했다. 하지만 동시에 매우 절망적인 상황을 초래한 것도 사실이다. 물론 이 절망적인 상황은 세상에서 버림받은 사람들에 대해서뿐만 아니라 과도한 안락함을 누리는 부자들과 특권을 부여받은 사람들에 대해서도 마찬가지이다. 이번 사태는 근본적으로 테러분자들이 무익하게 자살하지 않고, 전략적 직관에 따라 그들의 죽음을 효과적인 공격으로 이용한다는 것이다. 그들의 전략적 직관은 적의 완벽에 가까운 시스템, 적의 거대한 취약점을 노리는 직관이다. 말하자면 그것은 아주 작은 불씨에도 무너질 수 있는 시스템을 노리는 직관이다. 테러분자들은 자신의 죽음을 절대적인 무기로 삼아 죽음을 배제하는 시스템, 죽음 제로(zéro mort)를 이상으로 삼는 시스템을 공격하는 데 성공했다. 죽음 제로의 모든 시스템은 엄청나게 취약한 시스템이다. 그리고 억제하고 파괴하는 모든 수단들은 자신의 죽음을 무기로 삼아 반격하는 적에 맞서 아무것도 할 수 없다. "미국이 폭격을 한들 무슨 상관이랴! 미국인들이 살기를 원하는 만큼 우리는 죽기를 원한다네! 이것이 바로 '죽음 제로' 시스템에 일격을 가해 4천 명이 희생당할 수밖에 없었던 이유이다.

따라서 모든 것은 죽음과 유희한다. 죽음이 실시간 중계방송으로 뜻하게 않게 돌연 나타날 뿐만 아니라 현실적인 죽음보다 더한 죽음, 즉 상징적이고 희생적인 죽음이 뜻하지 않게 나타나기도 한다——말하자면 그것은 돌이킬 수 없는 결정적인 사건이다.

이것이 바로 테러리즘의 정신이다.

힘의 관계항으로 이루어진 시스템을 결코 공격해서는 안 된다. 그것은 바로 시스템 자체가 강요하는 (혁명적) 상상계이다. 사실 시스템은 그것을 공격하는 사람들을 끊임없이 현실의 영역에서 서로 싸우게 함으로써만 존속할 수 있다. 그러나 상징계로 싸움을 옮겨 놓으면 상황은 달라진다. 상징계에 있어서 게임의 규칙은 도전·역전·경쟁의 규칙이다. **상징계에서는 죽음에 대해, 대등하거나 능가하는 죽음으로 대응할 수 있을 뿐이다.** 그리고 상징계에서는 자신의 죽음이나 자신의 붕괴로 대응할 수밖에 없는 증여를 통해서 시스템에 맞서 싸운다.

테러리즘의 가정은 시스템 자체가 자살이나 죽음의 거듭된 도전을 받아 스스로 몰락하는 것이다. 왜냐하면 시스템도 권력도 상징적 강제성에서 벗어날 수 없기 때문이다——그리고 테러분자들에 의한 대재난이 일어날 수 있는 유일한 가능성은 이러한 함정에 달려 있다. 죽음의 불가능한 교환이라는 이 현기증나는 순환 속에서 테러분자들의 죽음은 아주 작은 것에 지나지 않지만, 모든 것을 빨아들이고 텅 비게 만드는 거대한 블랙홀 현상이다. 이 아주 작은 점(테러분자들의 자살 행위) 주위로 현실과 힘의 모든 시스템은 조밀해지고 경직되며, 그 자체로 집중되어 결국 초효율성에 의해 파멸하게 된다.

테러의 전략적 모델은 과도한 현실을 초래하고, 이 과도한 현실 아래서 시스템을 무너지게 하는 것이다. 시스템이 유발하는 모든 상황적 조롱과 권력의 폭력적 동원은 시스템 자체를 불리하게 만든다. 왜냐하면 테러 행위는 시스템에 내장된 폭력을 과도하게 비춰 주는 거울인 동시에 시스템에 금지된 상징적 폭력의 모델, 즉 시스템이 행사할 수 없는 유일한 폭력(자신의 죽음이라는 폭력)의 모델이기 때문이다.

그래서 모든 가시적인 힘은 몇몇 개인들의 아주 작지만 상징적인 죽음에 대해 어찌할 방도가 없다.

분명한 사실은 시스템을 보다 잘 교란시키기 위해 게임을 하고 게임 규칙을 전유하는 새로운 테러리즘, 새로운 행위의 형태가 나타났다는 점이다. 테러분자들은 동일한 무기로 시스템과 싸우지 않는다. 그들은 자신의 죽음을 걸고 싸운다. 이러한 죽음에 대해('비열한 놈들'과 같은) 대답은 있을 수가 없다. 게다가 그들은 지배적인 힘이 갖는 모든 무기들(돈과 금융 자본, 정보 기술과 항공 기술, 스펙터클 차원과 미디어망)을 제 것으로 삼았다. 그들은 지

배적인 힘을 파괴하기 위해 노선을 바꾸지 않은 채 현대
적인 것과 세계적인 것을 모두 소화하였다.

　술책의 절정에 이른 그들은 미국의 일상 생활의 진부함
을 일종의 가면과 이중적 게임으로 활용했다. 그들은 도
시 근교에 거주하면서 책을 읽으며 학생 신분으로 생활
했다. 그러다가 마치 수시로 잠에서 깨어나듯이 시한폭
탄처럼 터져 버렸다. 이러한 완벽한 은밀성은 9월 11일의
스펙터클한 행위만큼이나 테러적인 것이다. 왜냐하면 이
러한 완벽한 은밀성으로 인해 어느 누구라도 의심을 받
게 되었기 때문이다. 위험을 초래하지 않는 어느 개인이
라도 잠재적인 테러분자가 될 수 있지 않은가? 그들의
행동이 남의 눈에 띄지 않고 넘어갔다면, 우리 각자도 남
의 눈에 띄지 않는 범죄자가 아닌가? (그리고 모든 비행
기들 역시 의심스러운 것이 아닌가?) 근본을 파헤쳐 보면,
그것은 사실일지도 모른다. 이는 잠재적인 범죄 행위, 가
면을 쓴 범죄 행위, 교묘하게 억압된 범죄 행위의 무의식
적인 형태와 정말 일치할지도 모른다. 그러나 이러한 범
죄 행위는 불쑥 나타나지는 않을 것이지만, 이 범죄 행위
를 무의식적으로 저지르는 자들은 적어도 악을 보고서

은밀히 전율을 느낄 수 있을 것이다. 그리하여 사건은 훨씬 더 미묘한 정신적 테러리즘의 원천인 세부적인 것에 이르기까지 가지를 뻗듯 퍼져 나간다.

근본적인 차이는, 테러분자들이 시스템이 갖고 있는 것과 동일한 무기를 갖고 있으면서 동시에 자살 테러라는 치명적인 무기를 갖고 있다는 점이다. 만약 그들이 자신들의 재래식 무기로 시스템을 공격하는 데 만족했다면, 그들은 즉각 제거되었을 것이다. 만약 그들이 자살만으로 시스템에 대항했다면, 그들은 무익한 희생 속에서 빨리 사라져 버렸을 것이다──이것이 바로 (팔레스타인 자살 테러 행위처럼) 테러리즘이 지금까지 거의 언제나 행해 왔던 수법이자 테러리즘이 실패할 수밖에 없었던 이유이다.

테러분자들이 모든 가능한 현대적 수단들과 (자살이라는) 고도의 상징적인 무기를 결합하게 되면, 모든 것은 달라진다. 사실 고도의 상징적인 무기는 파괴의 잠재력을 무한히 증대시킨다. 그들이 이러한 무기로 우위를 점유할 수 있었던 것은 (우리에게는 불가능해 보이는) 요소들의 증대 효과 때문이다. 이와 반대로 죽음 제로 전략, '깨끗한' 전쟁 전략, 테크놀로지 전쟁 전략은 상징적인 힘으로 변형된 '실제적인' 힘을 파악하지 못한다.

이번 테러 사건의 경이적인 성공은 문젯거리가 된다. 이 사건에서 무엇인가를 이해하려면, 테러분자들의 머릿속에서나 조직 속에서 이루어지는 것을 파악하려면 우리의 서구적인 시각으로부터 벗어나야 한다. 우리 서구인들의 관점에서 보면, 그들의 이같은 효율성은 비서구인들이 상상하기 어려운 고도의 계산과 합리성을 전제로 하는 것이다. 그리고 이러한 경우에도 어떤 합리적인 조직이나 비밀 정보 조직에서처럼 성과와 실책이 늘 있게 마련이다.

따라서 그들의 이러한 성공 비결은 다른 곳에서 찾아야 한다. 그들과 우리의 차이는, 그들이 작업 계약(contrat)에 충실한 것이 아니라 희생적 의무와 희생적 협약(pacte)에 충실하다는 점이다. 그들의 희생적 의무는 모든 변절이나 부패로부터 벗어나 있다. 그들이 세계적인 통신망과 기술적인 프로토콜(protocole technique)에 접근하면서 삶과 죽음과의 이러한 공모를 이룬 것은 기적적인 일이다. 계약과 반대로 협약은 개인들을 결합시키지 않는다——그들의 '자살' 조차도 개인적인 영웅심의 발로가 아니라 이상적인 요구가 봉인하는 집단적인 희생 행위이다. 작동 구조 장치와 상징적 협약 장치라는 두 장치의 결합이 이러한 기상천외한 행위를 가능하게 만들었던 것이다.

우리는 포커(poker)나 포틀래치(potlatch)*에서 볼 수 있듯이 상징적인 계산이 무엇인지 전혀 알지 못한다. 최소한의 내기와 최대한의 결과, 이것이 바로 테러분자들이 맨해튼 테러에서 얻어낸 것이다. 이는 초기의 충격이 중차대한 결과를 초래한다는 카오스 이론을 매우 잘 보여준다. 반면에 '사막의 폭풍' 작전에서 미국인들은 엄청난 병력 투입으로 터무니없는 결과만을 얻어낼 뿐이다——말하자면 폭풍우가 나중에는 나비의 날갯짓에 불과

---

* 북미 서북 해안의 인디언, 특히 콰키우틀족 사이에서 자기의 부를 과시하고 지위를 높이기 위해 많은 재산을 소비하여 진수성찬을 베풀고, 참가자 전원에게 값진 선물 따위를 주는 일. 손님은 나중에 답례로서 그 이상의 것을 하지 않으면 명예나 지위를 잃게 된다.

한 것처럼 말이다.

자살 테러 행위는 가난한 자들의 테러 행위이다. 그러나 이번 테러 행위는 부자들의 테러 행위이다. 이것이 특히 우리를 두렵게 하는 것이다. 그들은 줄곧 우리를 파멸시키려고 하면서 부자가 되었다. (그들은 온갖 수단을 갖고 있다.) 확실히 우리의 가치 체계에 의하면, 그들은 속임수를 쓰고 있다. 자신의 죽음을 내기로 거는 것은 게임이 아니다. 그러나 그들은 그 점에 개의치 않는다. 그리고 새로운 게임 규칙은 더 이상 우리의 것이 아니다.

그들의 행위를 매도하는 데에는 모든 것이 허용된다. 그들의 행위는 '자살'이나 '순교'로 취급되기도 한다. 이 점에 대해 부언하면, 순교는 아무것도 입증하지 못하고 진리와 아무 관계도 없으며 (니체의 말을 인용하면) 진리의 최대의 적이다. 확실히 그들의 죽음은 아무것도 입증하지 못한다. 그러나 진리 자체가 파악될 수 없는 시스템 속에는 입증할 것이라고는 아무것도 없다——아니면 우리가 진리를 담지한다고 주장할 수 있을까? 다른 한편으로 매우 도덕적인 이러한 논의는 뒤집어질 수 있다. 만

약 카미카제의 자발적인 순교가 아무것도 입증하지 못한
다면, 테러 희생자들의 비자발적인 순교도 아무것도 입
증하지 못한다. 거기에는 도덕적인 논의를 하기에는 무
엇인가 부적절하고 외설스러운 것이 있다. (그것은 조금
도 희생자들의 고통과 죽음을 속단하는 것은 아니다.)

　기만과 허위에 대한 다른 주장이 있다. 즉 이 테러분자
들이 천국의 자리와 그들의 죽음을 교환한다는 것이다.
그들의 행위는 무상의 행위가 아니다. 따라서 그들의 행
위는 진정한 것이 아니다. 만약 그들이 신을 믿지 않는다
면, 만약 우리들에게 그러했던 것처럼 죽음이 희망이 없
는 것이라면(하지만 기독교 순교자들은 숭고한 등가물 이
외에는 다른 어떤 것도 바라지 않았다), 그들의 행위는 무
상의 행위가 될 것이다. 이러한 맥락에서 보면, 그들은
동등한 무기로 싸우지 않는다. 왜냐하면 그들은 구원을
받을 권리가 있기 때문이다. (기독교 순교자들도 구원에
대한 희망을 잃지 않았다.) 그리하여 우리는 우리의 죽음
을 슬퍼하는 반면, 그들은 그들의 죽음으로 고도의 내기
를 할 수 있다.

근본을 파헤쳐 보면, 명분·증거·진리·보상·목적과 수단 등 이 모든 것은 전형적인 서구적 계산 형태이다. 우리는 죽음조차도 이자율로, 품질/가격의 관계항으로 평가하고 있다. 경제적 계산은 더 이상 가격을 매길 용기조차 없는 가난한 자들의 계산이다.

전쟁 자체는 관례적인 방지 장치에 불과하다. 그렇다면 전쟁 이외에 무슨 일이 일어나는가? 우리는 바이오 테러리즘, 박테리아 전쟁, 핵 테러리즘에 대해 말할 수 있다. 그러나 이 모든 것은 더 이상 상징적 도전의 차원에 속하지 않고 슬로건도 영광도 위험도 없는 전멸의 차원에, 궁극적 해결의 차원에 속한다.

그런데 테러 행위에서 순전히 파괴적 논리만을 파악하는 것은 있을 수 없는 일이다. 나의 관점에서 보면, 그들의 죽음은 그들의 행위와 따로 떼어 생각할 수 없다. (바로 그것이 그들의 행위를 상징적 행위로 만든다.) 그들의 행위는 타자를 객관적으로 제거하는 것이 아니다. 모든 것은 도전과 결투 속에 존재한다. 말하자면 적대적인 힘과의 개인적 결투 관계 속에 존재한다. 적대적인 힘이 우리를 모욕했기 때문에, 그것은 단순히 제거되지 않고 매도되어야 한다. 적대적인 힘은 체면이 손상되어야 한다. 그것은 결코 단순한 힘에 의해, 타자의 제거에 의해 얻어질 수 있는 것이 아니다. 타자는 겨냥되어야 하고, 불타오르는 적개심으로 살해되어야 한다. 테러분자들을 결속시키는 협약 이외에, 적과 결투적 협약을 맺는 무엇인가가 있다. 이는 그들의 비열성을 고발하는 것과는 정반대이다. 그리고 이는 미국인들이 걸프전에서 했던 것(지금 아프가니스탄에서 하려고 하는 것)과는 정반대이다. 보이지 않는 표적과 처치 작전이 바로 그것이다.

이 모든 예기치 못한 사건들 가운데서 우리는 특히 이미지 광경을 주목해야 한다. 우리는 이미지의 강한 호소력과 매혹을 주목해야 한다. 원하든 원치 않든 간에, 이미지는 우리의 원초적인 장면이기 때문이다. 그리고 뉴욕 테러 사건은 세계 정세를 급변하게 만든 동시에 이미지와 현실의 관계를 급격하게 변화시키고 있다. 여태껏 평범한 이미지들과 거짓으로 꾸민 사건들이 끊임없이 넘쳐난 데 반해, 뉴욕 테러 행위는 이미지와 사건을 동시에 되살리고 있다.

테러분자들이 파괴했던 시스템의 다른 무기들 가운데
서 그들은 실시간으로 확산되는 이미지, 즉 즉각적으로
전세계에 확산되는 이미지를 사용했다. 증권 투기, 인터
넷 전자 통신, 항공 서비스 체제와 같은 이유로 말이다.
이미지의 역할은 매우 모호하다. 왜냐하면 이미지는 사
건을 유발하는 동시에 사건을 볼모로 잡기 때문이다. 이
미지는 무한 증식 효과와 동시에, 무력화와 교란 효과(이
미 1968년 학생 운동 사건의 경우도 그러했듯이)를 나타낸
다. 이미지는 사건을 소비한다. 이미지가 사건을 흡수하
고, 사건을 소비하게 한다는 의미에서 말이다. 확실히 이
미지는 사건-이미지로서 사건에 새로운 충격을 가져다
준다.

도처에서 이미지·가상·가상적인 것이 현실 속에 스
며든다면, 실제 사건은 어떻게 될 것인가? 지금의 경우
사람들은 현실과, 현실에 대한 폭력이 소위 가상 세계 속
에 다시 나타나는 것을 (어떤 안도감으로) 본다고 생각한
다. "모든 가상적인 이야기는 끝났습니다——그것이 바
로 현실입니다!" 마찬가지로 사람들은 이미 예고된 역사
의 종말을 넘어서 역사의 부활을 볼 수 있었다. 그러나

현실은 정말 가상을 추월하는 것일까? 현실이 가상을 추
월하는 것처럼 보이는 것은, 현실이 가상의 힘을 흡수하
고 현실 자체가 가상이 되어 버렸기 때문이다. 현실성이
가상을 질투하고, 현실이 이미지를 질투한다고 거의 말
해질 수 있을 것이다……. 이는 현실과 이미지 사이의 일
종의 결투이며, 가장 상상할 수 없는 것이 될 것이다.

세계무역센터 건물의 붕괴는 상상할 수 없었던 일이
다. 그러나 그것을 실제 사건으로 만들기에 충분치 않다.
과도한 폭력은 현실로 지평을 확장하기에 충분치 않다.
왜냐하면 현실은 하나의 원칙이고, 이 원칙이 사라졌기
때문이다. 현실과 가상은 서로 뒤얽혀 있다. 테러에 대한
매혹은 무엇보다도 이미지에 대한 매혹이다. (이로 인한
결과는 기쁨을 주는 동시에 재난을 초래하며, 그 자체가 매
우 상상적인 것이다.)

따라서 이 경우 현실은 공포를 조장하는 것으로서의,
이미지 전율의 대상으로서의 이미지에 추가된다. 그것은
끔찍스러울 뿐만 아니라 실제적이기도 하다. 현실에 대한
폭력이 먼저 존재하고, 거기에 이미지에 대한 전율이 추

가되기보다는 오히려 이미지가 먼저 존재하고, 거기에 현실에 대한 전율이 추가되는 것이다. 가상 같은 어떤 것, 즉 가상을 추월하는 어떤 가상이 존재한다. 그리하여 (보르헤스 이후) 발라르는 궁극적인 것으로의 현실과, 가장 끔찍스러운 가상을 재창조하는 것에 대해 말한 바 있다.

따라서 테러의 폭력은 역사의 재여도, 현실의 재연도 아니다. 테러의 폭력은 '실제적인' 것이 아니다. 어떤 의미에서 그것은 보다 위험한 것, 즉 상징적인 것이다. 폭력 그 자체는 완전히 흔히 있는 것이고, 비공격적인 것이다. 오직 상징적 폭력만이 특이한 개체성을 산출한다. 특이한 사건 속에서, 맨해튼의 대형 사고를 다룬 영화 속에서, 20세기 대중을 매료시키는 두 가지 요소가 고도의 차원에서 결합되고 있다. 이 두 가지 요소는 영화라는 요술과 테러리즘이라는 마술, 이미지의 흰빛과 테러리즘의 검은빛이다.

사건이 발생한 후에 사람들은 거기에 어떤 의미를 부여하고 해석을 가하려고 한다. 그러나 거기에는 그러한 것이 없다. 스펙터클의 과격성과 스펙터클의 야만성만이 있을 뿐이다. 이것은 기묘하고 환원될 수 없는 것이다. 테러리즘의 스펙터클은 스펙터클의 테러리즘을 강요한다. 이러한 부도덕한 매혹에 맞서(설사 이러한 매혹이 보편적인 도덕적 반응을 일으킨다 할지라도) 정치 계급은 아무것도 할 수 없다. 그것은 우리에게 남아 있는 유일한 것, 즉 우리의 잔혹극이다. 이 잔혹극이 스펙터클한 것의 정점과 도전의 정점을 동시에 내포한다는 점에서 놀라운 일이다. 그것은 소리가 최대로 울리는 방에서 폭력의 결정체가 섬광을 발하는 마이크로 모델(micromodèle)인 동시에(이는 스펙터클한 것의 가장 순수한 형태이다), 역사적·정치적 질서에 가장 순수한 상징적 도전 형태를 대립시키는 희생적 모델이다.

어떤 살육도 의미를 지닌다면, 어떤 살육도 역사적 폭력으로 해석될 수 있다면 그것은 용서받을 수 있을 것이다. 이는 바로 바람직한 폭력의 도덕적 전제이다. 어떤 폭력도 미디어에 의해 중계되지 않는다면("테러리즘은 미디어가 없다면 아무것도 아닌 것이 될 것이다") 용서받을 수 있을 것이다. 그러나 이 모든 것은 헛된 것에 불과하다. 미디어의 올바른 사용법은 존재하지 않고, 미디어는

사건과 공포의 일부를 이루며, 미디어는 어느 한 방향이
나 다른 한 방향으로 작용한다.

억압적인 행위는 테러 행위와 마찬가지로 예측할 수
없는 악순환을 거친다. 아무도 억압적인 행위가 어디서
멈추게 될지 알지 못하며, 그후의 급변도 알지 못한다.
이미지와 정보의 차원에서 스펙터클한 것과 상징적인 것
을 구별하거나 '범죄'와 억압을 구별하는 것은 불가능하
다. 그리고 통제할 수 없는 반전을 유발하는 것이 테러리
즘의 진정한 승리이다. 테러리즘의 가시적인 승리는 사
건이 은밀히 침투하여 가지를 뻗듯 퍼져 나가는 형국에
서 두드러진다——테러리즘의 가시적인 승리는 시스템
전체의 정치적·경제적·금융적 쇠퇴와 그로 인한 도덕
적·심리적 쇠퇴뿐만 아니라 (서방 세계가 자부심을 지니
고 다른 세계에 대해 영향력을 발휘한) 가치 체계의 쇠퇴
에서도, 자유와 자유로운 순환의 모든 이데올로기의 쇠
퇴에서도 나타난다.

최근의 새로운 개념인 자유의 개념이 이미 인간의 관
습과 의식에서 사라지고 있다. 그리고 자유주의적 세계

화는 정반대의 형태로, 말하자면 공안적 세계화의 형태로, 완전한 통제의 형태로, 공공의 안전을 빙자한 공포로 실현될 가능성이 있다. 규제 완화는 근본주의 사회에서나 볼 수 있는 최대한의 제약과 제한의 형태로 실현되고 있다.

이는 생산과 소비의 감소, 금융 투자와 경제 성장의 감소로 이어지고 있다. (물론 부패가 감소되는 것은 아니다!) 마치 세계적 시스템이 전략적으로 후퇴하고 자신의 가치를 전면적으로 재검토하듯이, 모든 일은 이루어진다. 이는 테러리즘의 충격에 대한 방어적 반응처럼 보일 수 있다. 그러나 이는 결국 자신의 비밀스런 명령(절대적인 무질서에서 비롯된 강제된 조절)에 응하고 있다. 어떻게 보면 자신의 실패를 내재화하면서 시스템은 자신에게 조절의 임무를 부과하고 있다.

테러분자들의 승리의 다른 면은, 폭력과 불안정의 모든 다른 형태들이 테러리즘에 유리하게 작용한다는 것이다. 즉 정보 테러리즘, 생물학적 테러리즘, 탄저균 테러리즘과 소음 테러리즘, 이 모든 것을 빈 라덴의 탓으로 돌리고 있다. 심지어 자연 재해도 빈 라덴의 탓으로 돌릴 지 모른다. 모든 형태의 탈조직화와 악순환은 빈 라덴에 게 유리하게 작용한다. 세계적으로 일반화된 교환 구조 조차도 불가능한 교환에 유리하게 작용한다. 이는 비자 발적인 정보 테러리즘에 의해 다시 조장된 테러리즘의 자동 기술과 같은 것이다. 이로 인한 모든 결과는 공포의 상황이다. 탄저균의 이 모든 공포 속에서 오염된 정보가 한 분자와의 단순한 접촉에도 반응을 보이는 화학 용액 처럼 즉각적인 결정 작용을 보이는 것은, 모든 시스템이 어떤 공격도 받기 쉬운 임계점에 도달했기 때문이다.

이러한 극단적인 상황에 대한 해결책은 없다. 특히 전쟁은 해결책이 아니다. 전쟁은 이미 본(déjà-vu) 상황만을 보여 줄 뿐이다. 말하자면 전쟁은 군사력, 유령 같은 정보, 쓸데없는 집중 선전, 위선적이고 격정적인 말들, 생화학 테크놀로지 등이 범람하는 이미 본 상황을 보여 줄 뿐이다. 전쟁은 걸프전처럼 실제로 일어나지 않은 사건, 즉 비사건(non-événement)이 될 것이다.

게다가 그것은 바로 사건의 존재 이유이다. 진짜 엄청

난 사건, 유일하고 예측 불가능한 사건이 되풀이되는 이미 본 가짜 사건으로 대체될 것이기 때문이다. 테러 행위가 해석의 모든 모델들에 대해 사건의 균형을 잡으려고 하는 반면, 군사력과 테크놀로지를 어리석게 내세우는 전쟁은 그와 반대로 사건에 대해 모델의 균형을 잡으려고 한다. 따라서 내기는 겉치레일 뿐이고, 진정한 사건은 일어나지 않게 된다. (이미 본) 전쟁은 다른 수단들을 동원하는 정치 부재의 연장(prolongement)일 뿐이다.

1. 보드리야르의 저서

Le système des objets(Paris: Denoël-Gonthier, 1968); 배영
달 옮김, 《사물의 체계》(서울. 백의출판사, 1999).

La société de consommation(Paris: Gaillmard, 1970); 전병석
옮김, 《소비의 사회》(서울. 문예출판사, 1992): 임문영 옮김,
《소비의 사회》(대구. 계명대학교출판부, 1998).

Pour une critique de l'économie politique du signe(Paris:
Gaillmard, 1972): 이규현 옮김, 《기호의 정치경제학 비판》(서
울. 문학과지성사, 1992, 1995. 1998).

*Le miroir de la production: ou l'illusion critique du ma-
térialisme historique*(Tournai: Casterman, 1973); 배영달 옮김,
《생산의 거울》(서울. 백의출판사, 1994).

L'échange symbolique et la mort(Paris: Gaillmard, 1976).

L'effet Beaubourg: Implosion et dissuasion(Paris: Edition
Galilée, 1977).

Oublier Foucault(Paris: Edition Galilée, 1977).

L'ange de stuc(Paris: Edition Galilée, 1978).

A L'ombre des majorités silencieuses, ou la fin du social

(Fontenay-Sous-Bois: Cahiers d'Utopie, 1978).

Le P. C. ou les paradis artificiels du politique(Fontenay-Sous-Bois: Cahiers d'Utopie, 1979).

Jean Revol: peintures, dessins(France: Edition Feudon-Béarn, 1980).

De la Séduction(Paris: Denoël-Gonthier, 1979); 배영달 옮김, 《유혹에 대하여》(서울. 백의출판사, 1996, 2002).

Simulacres et simulation(Paris: Edition Galilée, 1981).

A L'ombre des majorités silencieuses; Ou la fin du social; suivi de, L'extase du socialisme(Paris; Grasset, 1981).

Sophie Calle, Suite venitienne, with Jean Baudrillard, *Please Follow me*(Paris; Edition de l'Etoile, 1983).

Simulations(New York: Semiotext(e), 1983); 하태환 옮김, 《시뮬라시옹》(서울. 민음사, 1992, 2001).

Les stratégies fatales(Paris; Grasset, 1983).

La gauche divine(Paris; Grasset, 1985).

Amérique(Paris; Grasset, 1986); 주은우 옮김, 《아메리카》(서울. 문예마당, 1994).

L'autre par lui-même(Paris: Edition Galilée, 1987).

Forget Foucault(New York: Semiotext(e), 1987).

Cool Memories I(Paris: Edition Galilée, 1987).

Cool Memories II(Paris: Edition Galilée, 1990).

Cool Memories III(Paris: Edition Galilée, 1995).

The Evil Demon of Images(Annandale, Australia: Power Ins-
titute Publications, 1987).

Jean Baudrillard: Selected Writings, edited by Mark Poster
(Cambridge and Palo Alto: Polity Press and Stanford University
Press, 1988).

The Revenge of the Crystal; A Baudriallard Reader, edited
by Mick Carter(London: Pluto, 1989).

Le crime parfait(Paris: Edition Galilée, 1994).

La pensée radicale(Paris: Sens & Tonka, 1994).

Le complot de l'art(Paris: Sens & Tonka, 1996).

Ecran total(Paris: Edition Galilée, 1997): 배영달 옮김, 《토탈
스크린》(서울. 도서출판 동문선, 2002).

L'Echange impossible(Paris: Edition Galilée, 1999); 배영달
옮김, 《불가능한 교환》(서울. 도서출판 울력, 2001).

Mots de passe(Paris: Pauvert, 2000).

Cool MEMORIES IV(Paris: Galiée, 2000).

Le ludique et le policier(Paris: Sens & Tonka, 2001).

Télémorphose(Paris: Sens & Tonka, 2001).

L'esprit du terrorisme(Paris: Galilée, 2002).

Power Inferno(Paris: Galilée, 2002).

La violence du monde(Paris: Félin/Institut du Monde Arabe,

2003).

2. 보드리야르의 논문 및 인터뷰

〈Uwe Johson; La Frontière〉, *Les Temps Modernes*, 1962, pp.1904-1107.

〈Les Romans d'Italo Calvino〉, *Les Temps Modernes*, 1962, pp.1728-34.

〈La Proie des Flammes〉, *Les Temps Modernes*, 1962, pp.1928-37.

〈Compte rendu de Marshall McLuhan: Understanding Media〉, *L'homme et la societé*(5), 1967, pp.227-30.

〈Le ludique et le policier〉, *Utopie*(2-3), 1969, pp.3-15.

〈La pratique sociale de la technique〉, *Utopie*(2-3), 1969, pp.147-55.

〈Langages de Masse〉, *Encylopaedia Universalis*, vol. 17, Paris, Organum, 1975, pp.394-7.

〈Conversations à bâtons (in-) interrompus avec Jean Baudrillard〉, *Dérive*(5-6), 1976, pp.70-97.

〈La Réalité dépasse l'hyperréalisme〉, *Revue d'ésthétique*(1), 1976, pp.139-48.

〈Rituel-loi-code〉, in *Violence et Transgression*, ed. Michel Maffesoli and André Bruston(Paris: Edition Anthropos), 1979, pp.97-108.

〈Desert for Ever〉, *Traverses*(19), 1980, pp.54-8.

〈Boyond the Unconscious: The Symbolic〉, *Discourse*(3), 1981, pp.60-87.

〈Fatality or Reversible Imminence: Beyond the Uncertainty Principle〉, *Social Research*(49), 1981, pp.272-93.

〈Il mormorio della rete〉(an interview with Dominique Wahiche) *Media e messaggi*, 1981, pp.146-52.

〈Estasi dell'oggetto puro〉, in Le Rovine del Senso, ed. Paolo Melneghetti ane Stefano Tromvini(Bologna: Cappelli), 1982. pp.117-18.

〈Circuiti e cortocircuiti〉, in *Oggi l'arte e un carcere?* ed. Luigi Russo(Bologna: Il Muline). 1982.

Interview in *Cinématographie 80*, July/Aug, 1982, pp.39-40.

〈Domande a Jean Baudriallard, a cura di Giuseppe Bartolucci〉, in *Paesaggio Metropo*, ed. Giuseppe Bartolucci et al. (Rome: Feltrinelli), 1982.

〈De la croissance à l'excroissance〉, *Le débat*(23), 1983.

〈What Are You Doing After the Orgy?〉, *Artforum*. Oct.

1983, pp.42-6.

〈Is Pop an Art of Consumption?〉 *Tension*(2), 1983, pp.33-5.

〈The Ecstasy of Communication〉, in Hal Foster, ed. *The Anti-Aesthetic: Essays on Post-mordern Culture*(Port Townsend, Wa: Bay Press), 1983, pp.126-34.

〈Le cristal se venge: une entrevue avec Jean Baudriallrd〉, *Parachute*, June-Aug. 1983, pp.26-33.

〈Nuclaear Implosion〉, *Impulse*, Spring-Summer 1983, pp.9-13.

〈Les séductions de Baudrillard〉, interview in *Magazine litteraire*, March 1983, pp.80-5.

〈Sur le 'Look Generation'〉, interview in *Le nouvel observateur*, Feb. 1983, p.50.

Interview in *Psychologie*, May 1983, pp.65-8.

Review of Zelig, *Skrien*, Winter 1983/4, p.14.

Interview in *Cinéma* 84 301, Jan. 1984, pp.16-18.

〈Astal America〉, *Artforum*, Sep. 1984, pp.70-4.

〈Interview: Game with Vestiges〉, *On the Beach*(5), Winter, 1984, pp.19-25.

〈On Nihilisme〉, *On the Beach*(6), Spring, 1984, pp.38-9.

〈Jean Baudrillard〉, Interview in *Cuadernos del Norte*(5),

1984, pp.10-13.

〈Une conversation avec Jean Baudrillard〉, *UCLA French Studies*(2-3), 1984/5, pp.1-22.

〈Intellectuals, Commitment, and Political Power: An Interview with Jean Baudrillard〉, *Thesis Eleven*(10-11), 1984/5, pp.166-73.

〈Der Ekstatische Sozialismus〉, *Merkur*(39), 1985, pp.83-9.

〈The Masses: The Implosion of the Social in the Media〉, *New Literary History*(16), 1985, pp.577-89.

〈The Child in the Bubble〉, *Impulse*(11), 1985, p.13.

〈L'an 2000 ne passera pas〉, *Traverses*(33-34), 1985, pp.8-16; translated as 〈The Tear 2000 Will Not Take Place〉, in *Future Fall: Excursions into Post-Modernity*(Sidney, Australia: Power Institute of Fine Arts, 1986), pp.18-28, and as 〈The Year 2000 Has Already Happened〉, in *Body Invaders*, ed. Arthur and Marilouise Kroker(New York: St Martin's), 1987, pp.35-44.

〈Clone Boy〉, *Z/G*(11), 1986, pp.12-13.

〈The Realized Utopia, America〉, *French Review*(60), 1986, pp.2-6.

—— in *Masses et postmodernité*, editde by Jacques Zylberberg(Quebec: Presses de l'Université Laval, 1986).

Interview in *Franzosische Philosophen in Gesprach*, edited by Florian Rotzer(Munchen: Klaus Baer Verlag, 1986).

〈Au-dela du vrai et du faux, ou le malin génie de l'image〉, *Cahiers internationaux de sociologie*, Jan.-June 1987, pp.139-45.

〈A Perverse Logic & Drugs as Exorcism〉, *UNESCO* Courier(7), 1987, pp.7-9.

〈Amérique〉, *Literary Review*(30), 1987, pp.475-82.

〈Video, culto al cuerpo y 'Look'〉, *Fahrenheit*(450) 1987, pp.23-5.

〈When Bataille Attacked the Metaphysical Principle of Economy〉, *Canadian Journal of Political and Social Theory* (11), 1987, pp.57-62.

〈Modernity〉, *Canadian Journal of Political and Social Theory*(11), 1987, pp.63-73.

〈Softly, Softly〉, *New Statesman*(113), March 1987, p.44.

〈USA 80's〉 and 〈Desert Forever〉, in *Semiotext(e), USA (New York, 1987)*, pp.47-50 and 135-37.

〈Hunting Nazis and Losing Reality〉, *New Statesman*(19), 1988, pp.16-17.

〈Places of Urban Ecstasy〉, *Die Zeitschrift fur Kunst und Kultur*(12), 1988, pp.92-5.

〈Interview: Jean Baudrillard〉, *Block*(14), 1988, pp.8-10.

Please Follow Me(with Sophie Calle, *Suite Venitienne*), Seattle: Bay Press, 1988.

Xerox to Infinity, London: Touchepas, 1988.

〈The anorexic ruins〉, in D. Kamper and C. Wulf(eds), *Looking Back at the End of the World*, New York: Semiotext(e), 1989.

〈The end of production〉, *Polygraph*(2/3), 1989, pp.5-29.

〈Politics of seduction. Interview with Baudrillard〉, *Marxism Today*, January 1989, pp.54-5.

〈Panic Crash!〉, in A Kroker, M. Kroker ane D. Cook(eds), *Panic Encyclopedia*, London: Macmillan, 1989, pp.64-7.

〈An Interview with Jean Baudrillard(Judith Williamson)〉, *Block*(15), 1989, pp.16-19.

〈The Reality Gulf〉, in *The Guardian*, Jauary 1991, p.25.

〈Figures de l'altérité〉, Descartes & Cie, 1994.

〈Le paroxyste indifférent〉, Grasset, 1997.

〈Les objets singuliers〉, entretien avec Jean Nouvel, Calmann-Lévy, 2000.

〈D'un fragment l'autre〉, entretiens avec François L'Yvonnet, Albin Michel, 2001.

3. 보드리야르에 관한 연구서

Benison, J. 〈Jean Baudrillard on the current state of SF〉, *Foundation*(32), 1984 pp.25-42.

Bogard, W. 〈Sociology in the absence of the social: the significance of Baudrillard for contemporary thought〉, *Philosophy and Social Criticism*(13), 1987, pp.227-42.

Butler, R. *Baudrillard: The Defence of the Real*, Sage Publications, 1999.

Carrier, D. 〈Baudrillard as philosopher or, the end of abstract painting〉, *Arts Magazine*(63), 1988, pp.52-60.

Chang, B. 〈Mass, media, mass-mediation: Baudrillard's implosive critique of modern mass-mediated culture〉, *Current Perspectives in Social Theory*(17), 1986, pp.157-81.

Chen, K. H. 〈The masses and the media: Baudrillard's implosive post-modernism〉, *Theory, Culture and Society*(4), 1987, pp.71-88.

Gallop, J. 〈Ironies of postmodernism: fate of Baudrillard's fatalism〉, *Economy and Society*(19), 1990, pp.314-31.

Gane, M. *Baudrillard: Critical and fatal theory*, Routledge, 1991.

―― *Baudrillard's bestiary*, Routledge, 1991.

―― *Baudrillard: In Radical Uncertainty*, Pluto Press, 2000.

Genosko, G. *McLuhan and Baudrillard: Masters of Implosion*, Routledge, 1999.

Giradin, J.-C. 〈Towards a politics of signs: reading Baudrillard〉, *Telos*(20), 1974, pp.127-37.

Kellner, D. 〈Baudrillard, semiurgy and death〉, *Theory, Culture and Society*(4), 1987, pp.125-46.

―― *Jean Baudrillard: From Marxism to Postmodernism and Beyond*, Cambridge: Polity Press, 1989.

―― *Baudrillard: A Critical Reader*, Blackwell, 1994.

Kroker, A. 〈Baudrillard's Marx〉, *Theory, Cuture and Society*(5), 1985.

Levin, C. 〈Baudrillard, Critical Theory and Psychoanalysis〉, *Canadian Journal of Political and Social Theory*(8), 1984, pp.35-52.

―― *Jean Baudrillard: A Study in Cultural Metaphysics*, Prentice Hall, 1996.

Majastre, J.-O. *Sans oublier Baudrillard*, La Lettre volée, 1996.

Norris, C. 〈Lost in the funhouse: Baudrillard and the

politics of postmodernism〉, *Textual Practice*(3), 1989, pp.360-87.

Poster, M. 〈Technology and cuture in Habermas and Baudrillard〉, *Contemporary Literature*(22), 1981, pp.456-76.

Rojek, C. 〈Baudrillard and leisure〉, *Leisure Studies*(9), 1990, pp.7-20.

Valente, J. 〈Halls of mirrors: Baudrillard on Marx〉, *Diacritics Summer*, 1985, pp.54-65.

Zurbrugg, N. 〈Baudrillard's Amérique, and the 'Abyss of Modernity'〉, *Art and Text*(29), 1988, pp.40-63.

저자 소개

장 보드리야르는 프랑스의 대표적인 지성이며 모더니티에 대한 뛰어난 해석자 중의 한 사람이다. 그는 파리10대학의 사회학과 교수를 역임했으며, 미국의 뉴욕대학·캘리포니아대학 등에서 강의를 했다.

그는 박사학위 논문 〈사물의 체계〉(1968)에서부터 최근의 《불가능한 교환》(1999)에 이르기까지, 약 30년간에 걸쳐 20여 권의 저작을 출판하는 활발한 저술 활동을 하고 있다.

대표적인 저서로는 《소비의 사회》(1970), 《기호의 정치경제학 비판을 위하여》(1972), 《생산의 거울》(1973), 《상징적 교환과 죽음》(1976), 《푸코 잊기》(1977), 《보부르 효과》(1977), 《침묵하는 다수의 그늘 아래서》(1978), 《유혹에 대하여》(1979), 《시뮬라크르와 시뮬라시옹》(1981), 《숙명적 전략》(1983), 《숭고한 좌파》(1984), 《아메리카》(1986), 《차가운 기억들 I, II, III》(1987~95), 《악의 투명성》(1990), 《걸프전은 일어나지 않았다》(1991), 《종말의 환상》(1992), 《완전 범죄》(1994), 《토탈 스크린》(1997), 《테러리즘의 정신》(2002), 《지옥의 힘》(2002), 《세계의 폭력》(2003) 등이 있다.

배영달
부산대학교 불어과 졸업
한국외국어대학교 대학원 불어과 석사 · 박사 학위 취득
파리4대학 · 브리티시컬럼비아대학 초빙 교수로 연구 활동
현재 경성대학교 프랑스지역학 교수
편저:《보드리야르의 문화 읽기》
《예술의 음모—보드리야르의 현대 예술론》
역서:《불가능한 교환》《토탈 스크린》《건축과 철학》
《사물의 체계》《생산의 거울》《유혹에 대하여》
《정보과학의 폭탄》《문학생산이론을 위하여》
《리얼리즘의 신화: 발자크의 소설 세계》《농민들》

현대신서
117

테러리즘의 정신

초판발행 : 2003년 4월 25일

지은이 : 장 보드리야르
옮긴이 : 배영달
총편집 : 韓仁淑
펴낸곳 : 東文選
제10-64호, 78. 12. 16 등록
110-300 서울 종로구 관훈동 74번지
전화 : 737-2795

편집설계 : 李娗롯 李惠允

ISBN 89-8038-245-6 94100
ISBN 89-8038-050-X (현대신서)

【東文選 現代新書】

1 21세기를 위한 새로운 엘리트	FORESEEN 연구소 / 김경현	7,000원
2 의지, 의무, 자유 ― 주제별 논술	L. 밀러 / 이대회	6,000원
3 사유의 패배	A. 핑켈크로트 / 주태환	7,000원
4 문학이론	J. 컬러 / 이은경 · 임옥희	7,000원
5 불교란 무엇인가	D. 키언 / 고길환	6,000원
6 유대교란 무엇인가	N. 솔로몬 / 최창모	6,000원
7 20세기 프랑스철학	E. 매슈스 / 김종갑	8,000원
8 강의에 대한 강의	P. 부르디외 / 현택수	6,000원
9 텔레비전에 대하여	P. 부르디외 / 현택수	7,000원
10 고고학이란 무엇인가	P. 반 / 박범수	8,000원
11 우리는 무엇을 아는가	T. 나겔 / 오영미	5,000원
12 에쁘롱 ― 니체의 문체들	J. 데리다 / 김다은	7,000원
13 히스테리 사례분석	S. 프로이트 / 태혜숙	7,000원
14 사랑의 지혜	A. 핑켈크로트 / 권유현	6,000원
15 일반미학	R. 카이유와 / 이경자	6,000원
16 본다는 것의 의미	J. 버거 / 박범수	10,000원
17 일본영화사	M. 테시에 / 최은미	7,000원
18 청소년을 위한 철학교실	A. 자카르 / 장혜영	7,000원
19 미술사학 입문	M. 포인턴 / 박범수	8,000원
20 클래식	M. 비어드 · J. 헨더슨 / 박범수	6,000원
21 정치란 무엇인가	K. 미노그 / 이정철	6,000원
22 이미지의 폭력	O. 몽젱 / 이은민	8,000원
23 청소년을 위한 경제학교실	J. C. 드루엥 / 조은미	6,000원
24 순진함의 유혹 〔메디시스賞 수상작〕	P. 브뤼크네르 / 김웅권	9,000원
25 청소년을 위한 이야기 경제학	A. 푸르상 / 이은민	8,000원
26 부르디외 사회학 입문	P. 보네위츠 / 문경자	7,000원
27 돈은 하늘에서 떨어지지 않는다	K. 아른트 / 유영미	6,000원
28 상상력의 세계사	R. 보이아 / 김웅권	9,000원
29 지식을 교환하는 새로운 기술	A. 벵토릴라 外 / 김혜경	6,000원
30 니체 읽기	R. 비어즈워스 / 김웅권	6,000원
31 노동, 교환, 기술 ― 주제별 논술	B. 데코사 / 신은영	6,000원
32 미국만들기	R. 로티 / 임옥희	근간
33 연극의 이해	A. 쿠프리 / 장혜영	8,000원
34 라틴문학의 이해	J. 가야르 / 김교신	8,000원
35 여성적 가치의 선택	FORESEEN연구소 / 문신원	7,000원
36 동양과 서양 사이	L. 이리가라이 / 이은민	7,000원
37 영화와 문학	R. 리처드슨 / 이형식	8,000원
38 분류하기의 유혹 ― 생각하기와 조직하기	G. 비뇨 / 임기대	7,000원
39 사실주의 문학의 이해	G. 라루 / 조성애	8,000원
40 윤리학 ― 악에 대한 의식에 관하여	A. 바디우 / 이종영	7,000원
41 흙과 재 〔소설〕	A. 라히미 / 김주경	6,000원

84	조와(弔蛙)	金敎臣 / 노치준·민혜숙	8,000원
85	역사적 관점에서 본 시네마	J. -L. 뢰트라 / 곽노경	8,000원
86	욕망에 대하여	M. 슈벨 / 서민원	8,000원
87	산다는 것의 의미·1—여분의 행복	P. 쌍소 / 김주경	7,000원
88	철학 연습	M. 아롱델-로오 / 최은영	8,000원
89	삶의 기쁨들	D. 노게 / 이은민	6,000원
90	이탈리아영화사	L. 스키파노 / 이주현	8,000원
91	한국문화론	趙興胤	10,000원
92	현대연극미학	M. -A. 샤르보니에 / 홍지화	8,000원
93	느리게 산다는 것의 의미·2	P. 쌍소 / 김주경	7,000원
94	진정한 모럴은 모럴을 비웃는다	A. 에슈고엔 / 김웅권	8,000원
95	한국종교문화론	趙興胤	10,000원
96	근원적 열정	L. 이리가라이 / 박정오	9,000원
97	라캉, 주체 개념의 형성	B. 오질비 / 김 석	9,000원
98	미국식 사회 모델	J. 바이스 / 김종명	7,000원
99	소쉬르와 언어과학	P. 가데 / 김용숙·임정혜	10,000원
100	철학적 기본 개념	R. 페르버 / 조국현	8,000원
101	철학자들의 동물원	A. L. 브라-쇼파르 / 문신원	근간
102	글렌 굴드, 피아노 솔로	M. 슈나이더 / 이창실	7,000원
103	문학비평에서의 실험	C. S. 루이스 / 허 종	8,000원
104	코뿔소 〔희곡〕	E. 이오네스코 / 박형섭	8,000원
105	《제7의 봉인》 비평연구	E. 그랑조르주 / 이은민	근간
106	《쥘과 짐》 비평연구	C. 르 베르 / 이은민	근간
107	경제, 거대한 사탄인가?	P. -N. 지로 / 김교신	7,000원
108	딸에게 들려 주는 작은 철학	R. 시몬 셰퍼 / 안상원	7,000원
109	도덕에 관한 에세이	C. 로슈·J. -J. 바레르 / 고수현	6,000원
110	프랑스 고전비극	B. 클레망 / 송민숙	8,000원
111	고전수사학	G. 위딩 / 박성철	10,000원
112	유토피아	T. 파코 / 조성애	7,000원
113	쥐비알	A. 자르댕 / 김남주	7,000원
114	증오의 모호한 대상	J. 아순 / 김승철	8,000원
115	개인—주체철학에 대한 고찰	A. 르노 / 장정아	7,000원
116	이슬람이란 무엇인가	M. 루스벤 / 최생열	8,000원
117	테러리즘의 정신	J. 보드리야르 / 배영달	8,000원
118	자유와 결정론	O. 브르니피에 外 / 최은영	근간
119	느리게 산다는 것의 의미·3	P. 쌍소 / 김주경	7,000원
120	문학과 정치 사상	P. 페티티에 / 이종민	8,000원
121	가장 아름다운 하나님 이야기	A. 보테르 外 / 주태환	8,000원
122	시민 교육	P. 카니베즈 / 박주원	9,000원
123	스페인영화사	J.- C. 스갱 / 정동섭	8,000원
124	인터넷상에서—행동하는 지성	H. L. 드레퓌스 / 정혜욱	9,000원
125	내 몸의 신비—세상에서 가장 큰 기적	A. 지오르당 / 이규식	7,000원

25 朝鮮民俗誌	秋葉隆 / 沈雨晟	12,000원
26 神話의 이미지	J. 캠벨 / 扈承喜	근간
27 原始佛教	中村元 / 鄭泰爀	8,000원
28 朝鮮女俗考	李能和 / 金尙憶	24,000원
29 朝鮮解語花史(조선기생사)	李能和 / 李在崑	25,000원
30 조선창극사	鄭魯湜	7,000원
31 동양회화미학	崔炳植	18,000원
32 性과 결혼의 민족학	和田正平 / 沈雨晟	9,000원
33 農漁俗談辭典	宋在璇	12,000원
34 朝鮮의 鬼神	村山智順 / 金禧慶	12,000원
35 道教와 中國文化	葛兆光 / 沈揆昊	15,000원
36 禪宗과 中國文化	葛兆光 / 鄭相泓·任炳權	8,000원
37 오페라의 역사	L. 오레이 / 류연희	절판
38 인도종교미술	A. 무케르지 / 崔炳植	14,000원
39 힌두교의 그림언어	안넬리제 外 / 全在星	9,000원
40 중국고대사회	許進雄 / 洪 熹	30,000원
41 중국문화개론	李宗桂 / 李宰碩	23,000원
42 龍鳳文化源流	王大有 / 林東錫	25,000원
43 甲骨學通論	王宇信 / 李宰碩	근간
44 朝鮮巫俗考	李能和 / 李在崑	20,000원
45 미술과 페미니즘	N. 부루드 外 / 扈承喜	9,000원
46 아프리카미술	P. 윌레뜨 / 崔炳植	절판
47 美의 歷程	李澤厚 / 尹壽榮	28,000원
48 曼茶羅의 神들	立川武藏 / 金龜山	19,000원
49 朝鮮歲時記	洪錫謨 外/李錫浩	30,000원
50 하 상	蘇曉康 外 / 洪 熹	절판
51 武藝圖譜通志 實技解題	正 祖 / 沈雨晟·金光錫	15,000원
52 古文字學첫걸음	李學勤 / 河永三	14,000원
53 體育美學	胡小明 / 閔永淑	10,000원
54 아시아 美術의 再發見	崔炳植	9,000원
55 曆과 占의 科學	永田久 / 沈雨晟	8,000원
56 中國小學史	胡奇光 / 李宰碩	20,000원
57 中國甲骨學史	吳浩坤 外 / 梁東淑	35,000원
58 꿈의 철학	劉文英 / 河永三	22,000원
59 女神들의 인도	立川武藏 / 金龜山	19,000원
60 性의 역사	J. L. 플랑드렝 / 편집부	18,000원
61 쉬르섹슈얼리티	W. 챠드윅 / 편집부	10,000원
62 여성속담사전	宋在璇	18,000원
63 박재서희곡선	朴栽緒	10,000원
64 東北民族源流	孫進己 / 林東錫	13,000원
65 朝鮮巫俗의 研究(상·하)	赤松智城·秋葉隆 / 沈雨晟	28,000원
66 中國文學 속의 孤獨感	斯波六郎 / 尹壽榮	8,000원

67	한국사회주의 연극운동사	李康列	8,000원
68	스포츠인류학	K. 블랑챠드 外 / 박기동 外	12,000원
69	리조복식도감	리팔찬	절판
70	娼 婦	A. 꼬르벵 / 李宗旼	22,000원
71	조선민요연구	高晶玉	30,000원
72	楚文化史	張正明 / 南宗鎭	26,000원
73	시간, 욕망, 그리고 공포	A. 코르뱅 / 변기찬	18,000원
74	本國劍	金光錫	40,000원
75	노트와 반노트	E. 이오네스코 / 박형섭	절판
76	朝鮮美術史硏究	尹喜淳	7,000원
77	拳法要訣	金光錫	30,000원
78	艸衣選集	艸衣意恂 / 林鍾旭	20,000원
79	漢語音韻學講義	董少文 / 林東錫	10,000원
80	이오네스코 연극미학	C. 위베르 / 박형섭	9,000원
81	중국문자훈고학사전	全廣鎭 편역	23,000원
82	상말속담사전	宋在璇	10,000원
83	書法論叢	沈尹默 / 郭魯鳳	8,000원
84	침실의 문화사	P. 디비 / 편집부	9,000원
85	禮의 精神	柳 肅 / 洪 熹	20,000원
86	조선공예개관	沈雨晟 편역	30,000원
87	性愛의 社會史	J. 솔레 / 李宗旼	18,000원
88	러시아미술사	A. I. 조토프 / 이건수	22,000원
89	中國書藝論文選	郭魯鳳 選譯	25,000원
90	朝鮮美術史	關野貞 / 沈雨晟	근간
91	美術版 탄트라	P. 로슨 / 편집부	8,000원
92	군달리니	A. 무케르지 / 편집부	9,000원
93	카마수트라	바쨔야나 / 鄭泰爀	10,000원
94	중국언어학총론	J. 노먼 / 全廣鎭	18,000원
95	運氣學說	任應秋 / 李宰碩	15,000원
96	동물속담사전	宋在璇	20,000원
97	자본주의의 아비투스	P. 부르디외 / 최종철	10,000원
98	宗敎學入門	F. 막스 뮐러 / 金龜山	10,000원
99	변 화	P. 바츨라빅크 外 / 박인철	10,000원
100	우리나라 민속놀이	沈雨晟	15,000원
101	歌訣(중국역대명언경구집)	李宰碩 편역	20,000원
102	아니마와 아니무스	A. 융 / 박해순	8,000원
103	나, 너, 우리	L. 이리가라이 / 박정오	12,000원
104	베케트연극론	M. 푸크레 / 박형섭	8,000원
105	포르노그래피	A. 드워킨 / 유혜련	12,000원
106	셸 링	M. 하이데거 / 최상욱	12,000원
107	프랑수아 비용	宋 勉	18,000원
108	중국서예 80제	郭魯鳳 편역	16,000원

109	性과 미디어	W. B. 키 / 박해순	12,000원
110	中國正史朝鮮列國傳(전2권)	金聲九 편역	120,000원
111	질병의 기원	T. 매큐언 / 서 일 · 박종연	12,000원
112	과학과 젠더	E. F. 켈러 / 민경숙 · 이현주	10,000원
113	물질문명 · 경제 · 자본주의	F. 브로델 / 이문숙 外	절판
114	이탈리아인 태고의 지혜	G. 비코 / 李源斗	8,000원
115	中國武俠史	陳 山 / 姜鳳求	18,000원
116	공포의 권력	J. 크리스테바 / 서민원	23,000원
117	주색잡기속담사전	宋在璇	15,000원
118	죽음 앞에 선 인간(상 · 하)	P. 아리에스 / 劉仙子	각권 8,000원
119	철학에 대하여	L. 알튀세르 / 서관모 · 백승욱	12,000원
120	다른 곳	J. 데리다 / 김다은 · 이혜지	10,000원
121	문학비평방법론	D. 베르제 外 / 민혜숙	12,000원
122	자기의 테크놀로지	M. 뿌코 / 이희원	16,000원
123	새로운 학문	G. 비코 / 李源斗	22,000원
124	천재와 광기	P. 브르노 / 김웅권	13,000원
125	중국은사문화	馬 華 · 陳正宏 / 강경범 · 천현경	12,000원
126	푸코와 페미니즘	C. 라마자노글루 外 / 최 영 外	16,000원
127	역사주의	P. 해밀턴 / 임옥희	12,000원
128	中國書藝美學	宋 民 / 郭魯鳳	16,000원
129	죽음의 역사	P. 아리에스 / 이종민	18,000원
130	돈속담사전	宋在璇 편	15,000원
131	동양극장과 연극인들	김영무 ·	15,000원
132	生育神과 性巫術	宋兆麟 / 洪 熹	20,000원
133	미학의 핵심	M. M. 이턴 / 유호전	20,000원
134	전사와 농민	J. 뒤비 / 최생열	18,000원
135	여성의 상태	N. 에니크 / 서민원	22,000원
136	중세의 지식인들	J. 르 고프 / 최애리	18,000원
137	구조주의의 역사(전4권)	F. 도스 / 김웅권 外	Ⅰ · Ⅱ · Ⅳ 15,000원 / Ⅲ 18,000원
138	글쓰기의 문제해결전략	L. 플라워 / 원진숙 · 황정현	20,000원
139	음식속담사전	宋在璇 편	16,000원
140	고전수필개론	權 瑚	16,000원
141	예술의 규칙	P. 부르디외 / 하태환	23,000원
142	"사회를 보호해야 한다"	M. 푸코 / 박정자	20,000원
143	페미니즘사전	L. 터틀 / 호승희 · 유혜련	26,000원
144	여성심벌사전	B. G. 워커 / 정소영	근간
145	모데르니테 모데르니테	H. 메쇼닉 / 김다은	20,000원
146	눈물의 역사	A. 벵상뷔포 / 이자경	18,000원
147	모더니티입문	H. 르페브르 / 이종민	24,000원
148	재생산	P. 부르디외 / 이상호	18,000원
149	종교철학의 핵심	W. J. 웨인라이트 / 김희수	18,000원
150	기호와 몽상	A. 시몽 / 박형섭	22,000원

▨ 라신에 관하여	R. 바르트 / 남수인	10,000원
▨ 說 苑 (上·下)	林東錫 譯註	각권 30,000원
▨ 晏子春秋	林東錫 譯註	30,000원
▨ 西京雜記	林東錫 譯註	20,000원
▨ 搜神記 (上·下)	林東錫 譯註	각권 30,000원
■ 경제적 공포〔메디치賞 수상작〕	V. 포레스테 / 김주경	7,000원
■ 古陶文字徵	高 明·葛英會	20,000원
■ 古文字類編	高 明	절판
■ 金文編	容 庚	36,000원
■ 고독하지 않은 홀로되기	P. 들레름·M. 들레름 / 박정오	8,000원
■ 그리하여 어느날 사랑이여	이외수 편	4,000원
■ 딸에게 들려 주는 작은 지혜	N. 레흐레이트너 / 양영란	6,500원
■ 노력을 대신하는 것은 없다	R. 쉬이 / 유혜련	5,000원
■ 노블레스 오블리주	현택수 사회비평집	7,500원
■ 미래를 원한다	J. D. 로스네 / 문 선·김덕희	8,500원
■ 사랑의 존재	한용운	3,000원
■ 산이 높으면 마땅히 우러러볼 일이다	유 향 / 임동석	5,000원
■ 서기 1000년과 서기 2000년 그 두려움의 흔적들	J. 뒤비 / 양영란	8,000원
■ 서비스는 유행을 타지 않는다	B. 바게트 / 정소영	5,000원
■ 선종이야기	홍 희 편저	8,000원
■ 섬으로 흐르는 역사	김영희	10,000원
■ 세계사상	창간호~3호: 각권 10,000원 / 4호: 14,000원	
■ 십이속상도안집	편집부	8,000원
■ 어린이 수묵화의 첫걸음(전6권)	趙 陽 / 편집부	각권 5,000원
■ 오늘 다 못다한 말은	이외수 편	7,000원
■ 오블라디 오블라다, 인생은 브래지어 위를 흐른다	무라카미 하루키 / 김난주	7,000원
■ 인생은 앞유리를 통해서 보라	B. 바게트 / 박해순	5,000원
■ 잠수복과 나비	J. D. 보비 / 양영란	6,000원
■ 천연기념물이 된 바보	최병식	7,800원
■ 原本 武藝圖譜通志	正祖 命撰	60,000원
■ 隷字編	洪鈞陶	40,000원
■ 테오의 여행 (전5권)	C. 클레망 / 양영란	각권 6,000원
■ 한글 설원 (상·중·하)	임동석 옮김	각권 7,000원
■ 한글 안자춘추	임동석 옮김	8,000원
■ 한글 수신기 (상·하)	임동석 옮김	각권 8,000원